Wynne Evans

O Gaerfyrddin i Go Compare

Elin Meek

Cyhoeddwyd gan CAA Cymru, Prifysgol Aberystwyth,
Plas Gogerddan, Aberystwyth, Ceredigion, SY23 3EB
(www.aber.ac.uk/caa)

Cyhoeddwyd gyda chymorth ariannol Cyngor Llyfrau Cymru.

ISBN: 978-1-84521-685-6

Golygu creadigol: Delyth Ifan
Dylunio: Richard Huw Pritchard
Argraffu: Argraffwyr Cambria

Diolch i'r canlynol am ganiatâd i atgynhyrchu delweddau:

Wynne Evans
Go Compare
ArenaPAL

Enw: Wynne Evans

Dod yn wreiddiol: o Gaerfyrddin

Blwyddyn ***geni****:* 1972

Byw nawr: yng Nghaerdydd

Gwaith: Tenor, **cyflwynydd** ar Radio Wales, Radio 3 a Classic FM

Enwog iawn am fod yn: Gio Compario ar **hysbysebion** Go Compare

Beth yw ***hanes*** *y teulu?*
Roedd teulu Dad yn dod o Langynog, ar bwys Caerfyrddin. Ffermwyr o'n nhw. Roedd teulu **fy nhad** yn siarad Cymraeg. Cymraeg oedd **iaith gyntaf** fy nhad.

Mae hanes teulu Mam dipyn bach **yn wahanol**. Roedd **fy mam-gu** (mam fy mam) yn dod o Gaerfyrddin, ond roedd **fy nhad-cu** (tad fy mam) yn dod o **Frwsel**, **Gwlad Belg**.

Sut cwrddon nhw?
Yn yr **Ail Ryfel Byd**, roedd fy nhad-cu'n **swyddog** gyda **byddin** Gwlad Belg. Roedd e'n byw yn Ninbych-y-pysgod. Cwrddodd e â fy mam-gu. Roedd e'n dod ar y trên o **Ddinbych-y-pysgod** i Gaerfyrddin i weld fy mam-gu.

geni – *to be born*	**cyflwynydd** – *presenter*
hysbyseb(ion) – *advertisement(s)*	**hanes** – *history*
fy nhad – *my father*	**iaith gyntaf** – *first language*
yn wahanol – *different*	**fy mam-gu** – *my grandmother*
fy nhad-cu – *my grandfather*	**Brwsel** – *Brussels*
Gwlad Belg – *Belgium*	**Ail Ryfel Byd** – *Second World War*
swyddog – *officer*	**byddin** – *army*
Dinbych-y-pysgod – *Tenby*	

Doedd fy mam-gu a fy nhad-cu ddim **gyda'i gilydd** yn hir. Aeth fy mam-gu'n **feichiog**, ond doedd hi ddim eisiau bod gyda fy nhad-cu. **Dwedodd hi wrtho fe** am fynd 'nôl i Wlad Belg! Gaeth fy mam-gu fabi – fy mam, ac wedyn priododd hi ddyn arall.

Oedd eich mam yn mynd i weld eich tad-cu?
Oedd, roedd fy mam yn mynd i weld fy nhad-cu a'r teulu ym Mrwsel. Roedd hi'n gallu siarad **Ffrangeg**. Pan oedd fy mam yn 15 oed, **buodd fy nhad-cu farw**. Wedyn, roedd fy mam yn mynd i weld fy **hen fam-gu** ym Mrwsel. **Pan o'n i'n ifanc**, ro'n ni'n mynd i Wlad Belg ar ein gwyliau, i weld fy hen fam-gu.

Oes ***cysylltiad*** *gyda chi â Gwlad Belg nawr?*
Nac oes, does dim cysylltiad gyda fi â Gwlad Belg nawr.

Dych chi'n gwybod ***rhagor*** *am y teulu yng Ngwlad Belg?*
Ydw, mae hanes **diddorol** am y teulu. **Botanegydd** oedd fy hen dad-cu. Mae llun ohono fe yng **Ngardd Fotaneg** Brwsel achos daeth e â **thatws melys** i Ewrop. Roedd fy hen hen dad-cu yn canu'r organ yn **llys** Gwlad Belg.

gyda'i gilydd, gyda'n gilydd – *together*	**beichiog** – *pregnant*
dwedodd hi wrtho fe – *she told him*	**Ffrangeg** – *French (language)*
buodd fy nhad-cu farw – *my grandfather died*	
hen fam-gu – *great grandmother*	**pan o'n i'n ifanc** – *when I was young*
cysylltiad – *connection*	**rhagor** – *more*
diddorol – *interesting*	**botanegydd** – *botanist*
gardd fotaneg – *botanic garden*	**tatws melys** – *sweet potatoes*
llys – *court*	

Oes cysylltiad gyda chi â theulu eich tad nawr?
Mae chwaer fy nhad, Anti Mary, yn byw yn Llan-gain, ar bwys Caerfyrddin. Dw i'n mynd i'w gweld hi.

Beth yw hanes eich tad?
David oedd enw fy nhad. Roedd llais ardderchog gyda fy nhad, llais **gwych**. Ces i fy llais **oddi wrtho fe**. Ond aeth e ddim i **astudio** canu. Aeth e i weithio. Dechreuodd e weithio fel **saer**. I ddechrau, gweithiodd e gydag **ymgymerwr**, yn gwneud coffinau. Wedyn, gweithiodd e i'r **cyngor sir**, fel **arolygydd adeiladau**. Roedd e'n dysgu **oedolion** hefyd. Roedd e'n dysgu **gwaith coed**.

Beth am eich mam?
Roedd fy mam, Elizabeth, yn **trin gwallt**. Pan o'n i'n ifanc, roedd salon gyda hi **drws nesa** i'n tŷ ni. Wedyn, roedd hi'n rhedeg Theatr y Lyric yng Nghaerfyrddin.

Sut cwrddodd eich mam a'ch tad?
Cwrddon nhw yn yr 'amateur dramatics' yng Nghaerfyrddin. Roedd fy nhad yn canu'n dda, ac roedd fy mam yn hoffi dawnsio. Ro'n nhw'n hoffi perfformio.

gwych – *marvellous*	**oddi wrtho fe** – *from him*
astudio – *to study*	**saer** – *carpenter*
ymgymerwr – *undertaker*	**cyngor sir** – *county council*
arolygydd adeiladau – *buildings inspector*	
oedolion – *adults*	**gwaith coed** – *woodwork*
trin gwallt – *hairdressing*	**drws nesa** – *next door*

Caerfyrddin

- Caerfyrddin yw tre **hena** Cymru.
- Mae amffitheatr **Rufeinig** yng Nghaerfyrddin. Mae castell **Normanaidd** yma hefyd.
- Roedd **carchar** ar bwys y castell. Nawr, mae canolfan Cyngor Sir Caerfyrddin yma.
- Roedd y **dewin** Myrddin yn dod o Gaerfyrddin. Roedd e'n byw yn **y bumed ganrif**. Dwedodd Myrddin, "Mae **derwen** yn mynd i **dyfu** yng Nghaerfyrddin. Ond mae Caerfyrddin yn mynd i **foddi** os yw'r dderwen yn **cwympo**." Roedd derwen fawr yn tyfu yn y dre o 1659 i'r 1800au. Mae **darnau** o'r dderwen yn **Neuadd** San Pedr yn y dre heddiw.
- Mae Caerfyrddin yn dre siopa bwysig. Mae'r farchnad yn hyfryd, ac mae llawer o siopau bach yma.
- Dych chi'n gallu clywed llawer o Gymraeg ar y stryd yng Nghaerfyrddin.
- Mae **pysgotwyr** yn defnyddio **cwrwgl** ar afon Tywi.
- Mae **cofeb** ar sgwâr neuadd y dre i Gwynfor Evans, **aelod seneddol** cyntaf Plaid Cymru.

Caerfyrddin – *Carmarthen*	**hena** – *oldest*
Rhufeinig – *Roman*	**Normanaidd** – *Norman*
carchar – *prison*	**dewin** – *wizard*
y bumed ganrif – *the fifth century*	**derwen** – *oak tree*
tyfu – *to grow*	**boddi** – *to drown*
cwympo – *to fall*	**darn(au)** – *piece(s)*
neuadd – *hall*	**pysgotwyr** – *fishermen*
cwrwgl – *coracle (a traditional boat)*	**cofeb** – *memorial*
aelod seneddol – *member of parliament*	

Ble ro'ch chi'n byw yng Nghaerfyrddin?
Ro'n i'n byw yng nghanol y dre, yn **Nheras** Waterloo. Ro'n i'n gallu cerdded i'r dre mewn pum munud.

Pwy oedd yn y teulu?
Mam, Dad, dau frawd: Huw a Mark, a fi. Fi oedd y brawd bach. Mae Huw **ddeng mlynedd yn henach na** fi, ac mae Mark **ddwy flynedd a hanner** yn henach na fi.

Aeth Huw i'r coleg pan o'n i'n wyth oed. Do'n i ddim yn nabod Huw yn dda pan o'n i'n ifanc, **a dweud y gwir**. Ond 'dyn ni'n agos iawn nawr. Mae e'n gweithio fel **cyfreithiwr** ac yn byw yng Nghaerdydd.

Ro'n i a Mark gyda'n gilydd drwy'r amser, fel arfer. Pan oedd Mam yn gweithio yn y salon drws nesa, ro'n ni'n dau yn y tŷ, yn chwarae... ac yn **ymladd**! Weithiau ro'n ni'n ffonio Mam – i **gwyno**, neu i fynd â Mark neu fi i *casualty* yn Ysbyty Glangwili!

Oedd anifail anwes 'da chi pan o'ch chi'n ifanc?
Oedd, roedd ci gyda ni. Sweep oedd ei enw e. Ci 'Papillon' oedd e. Roedd e'n **gas** weithiau ac roedd e'n **cnoi**.

Wedyn gaethon ni Bingo. Sbaniel **Tibetaidd** oedd e. Roedd e'n hyfryd. Buodd Bingo farw pan o'n i tua 18 oed.

teras – *terrace*	
ddeng mlynedd yn henach na – *ten years older than*	
dwy flynedd a hanner – *two and a half years*	
a dweud y gwir – *to tell the truth*	**cyfreithiwr** – *lawyer*
ymladd – *to fight*	**cwyno** – *to complain*
cas – *nasty*	**cnoi** – *to bite, to chew*
Tibetaidd – *Tibetan*	

*Beth yw eich **atgof** cyntaf?*
Dw i'n cofio **aros tu fas** i gapel Tabernacl. Ro'n i'n mynd i'r ysgol **feithrin** yno. Do'n i ddim eisiau mynd i'r ysgol feithrin. Do'n i ddim eisiau gweld y drws yn agor. Ond yn anffodus, agorodd yr athrawes y drws!

Oedd ffrind gorau gyda chi pan o'ch chi'n ifanc?
Oedd, Peter John. Fe yw fy ffrind gorau heddiw hefyd. Cwrddon ni yn yr ysgol feithrin. 'Dyn ni'n dweud wrth bawb, "Cwrddon ni mewn ysgol breifat," achos ro'n ni'n talu 50 ceiniog i fynd i'r ysgol feithrin!

*Oedd eich **rhieni** chi'n **llym**?*
Nac o'n, dim o gwbl! Roedd fy mam yn 'roc a rôl'! Roedd croeso i bawb yn ein tŷ ni. Roedd y drws **yn agored** bob amser. Roedd parti yn y tŷ yn aml.

Roedd fy rhieni'n gweithio gyda phobl ifanc yn Opera **Ieuenctid** Caerfyrddin. Roedd problemau gyda rhai o'r bobl ifanc. Felly, yn aml, roedd rhywun yn dod i fyw yn ein tŷ ni am dipyn bach.

Gweithiodd fy rhieni'n galed iawn i **achub** y Lyric, sinema Caerfyrddin. Ro'n nhw eisiau cael theatr yn y dre. **Arweinion nhw** grŵp o **wirfoddolwyr** oedd yn rhedeg Theatr y Lyric am

atgof – *memory*	**aros tu fas** – *to wait outside*
meithrin – *nursery*	**rhieni** – *parents*
llym – *strict*	**yn agored** – *open*
ieuenctid – *youth*	**achub** – *to save*
arwain, arweinion nhw – *to lead, they led*	
gwirfoddolwyr – *volunteers*	

20 mlynedd. Fy mam oedd rheolwr y theatr wedyn. Gaeth hi **anrhydedd** MBE am ei gwaith.

Theatr y Lyric, Caerfyrddin

- Mae Theatr y Lyric ar Heol y **Brenin**, Caerfyrddin.
- Sinema oedd yma o 1935 i ddiwedd y 1980au.
- Mae 665 o bobl yn gallu eistedd yn y theatr.

I ble ro'ch chi'n mynd ar wyliau fel arfer?
Ro'n ni'n mynd i Frwsel, i weld fy hen fam-gu. Pan o'n i'n ifanc, prynodd fy rhieni garafán. Ro'n ni'n hoffi teithio gyda'r garafán. Roedd fy nhad yn un o **sefydlwyr** Clwb Carafannau Dyfed. Ro'n ni'n mynd i rywle bob penwythnos fel arfer!

Buodd fy hen fam-gu farw, ac wedyn, ro'n ni'n hoffi mynd i Ffrainc fel teulu. Roedd fy mam yn hoffi **ymarfer** siarad Ffrangeg.

*I ble aethoch chi i'r ysgol **gynradd**?*
Es i i Ysgol Gynradd Pentrepoeth, yng Nghaerfyrddin. Does dim ysgol 'na nawr, dim ond maes parcio!

Ar ôl y diwrnod cyntaf yn yr ysgol, gofynnodd fy mam, "Sut oedd yr ysgol?" Atebais i, "Mae'r ysgol yn ofnadwy, ond mae'r tŷ bwyta'n **weddol**!"

Ro'n i'n gallu cerdded i'r ysgol o'r tŷ. Roedd siop **losin** ar y ffordd. Ro'n i'n hoffi stopio i brynu losin yn y siop.

anrhydedd – *honour*	**brenin** – *king*
sefydlwyr – *founders*	**ymarfer** – *to practise*
cynradd – *primary*	**gweddol** – *ok, so-so*
losin – *sweets*	

*O'ch chi'n **ddisgybl** 'da'?*
Nac o'n. Roedd yr **athrawon** yn dweud, "Mae Wynne yn siarad **gormod**. Dydy Wynne ddim yn gwrando. Dydy Wynne ddim yn **canolbwyntio**. Dydy Wynne ddim yn gweithio. **Dw i eisiau i Wynne weithio mwy**."

Ro'n i'n hoffi bod yn '**glown y dosbarth**', a dweud y gwir. Do'n i ddim yn hoffi'r ysgol **o gwbl**. Dw i ddim yn gwybod pam, ond do'n i ddim yn mwynhau.

Beth dych chi'n gofio am yr athrawon?
Mrs Lewis oedd enw fy athrawes gyntaf. Miss Gray oedd enw'r **brifathrawes**.

Mae stori gyda fi am Miss Gray. Ro'n i'n canu mewn cyngerdd yng **Ngogledd Iwerddon**. Gorffennodd y cyngerdd, a **daeth dyn ata i**. Rhoddodd e **blât** i fi gyda 'Pentrepoeth' arno fe. "Ble gaethoch chi'r plât?" gofynnais i. "Wel," atebodd y dyn, "Miss Gray oedd fy anti, ac roedd llawer o blatiau Pentrepoeth gyda hi. Felly, dw i eisiau rhoi un i chi." Dw i'n hoffi'r plât yn fawr iawn.

Oedd gwersi cerddoriaeth yn yr ysgol?
Oedd, ces i wersi **ffidil** pan o'n i'n saith oed. Hefyd, ro'n i'n canu

disgybl – *pupil*	**athrawon** – *teachers*
gormod – *too much*	**canolbwyntio** – *to concentrate*
dw i eisiau i Wynne weithio mwy – *I want Wynne to work more*	
clown y dosbarth – *class clown*	**o gwbl** – *at all*
prifathrawes – *headmistress*	
Gogledd Iwerddon – *Northern Ireland*	
daeth dyn ata i – *a man came up to me*	
plât – *plate*	**ffidil** – *violin*

bob tro roedd cyngerdd yn yr ysgol.

Beth am gerddoriaeth tu fas i'r ysgol?
Ro'n i'n cael gwersi piano gartref. Enw fy athro oedd Aldon Rees. **Darlithydd** oedd e, yng **Ngholeg y Drindod**. Roedd e'n athro da iawn.

Roedd Peter, fy ffrind gorau, yn canu yng **nghôr** Eglwys San Pedr. Do'n ni ddim yn mynd i'r eglwys fel teulu, ond ro'n i eisiau canu gyda Peter, felly es i i ganu yn y côr.

Roedd fy rhieni'n gwneud llawer gyda'r Opera Ieuenctid, felly ro'n i'n canu llawer gyda nhw.

O'ch chi'n hoffi perfformio pan o'ch chi'n ifanc?
Nac o'n. Ro'n i'n **swil**, a dweud y gwir. Dw i'n cofio mynd i weld pantomeim yn Neuadd San Pedr, a do'n i ddim eisiau eistedd ar bwys y **llwyfan** o gwbl. Ro'n i eisiau eistedd yn y cefn! Ro'n i'n **ofni** mynd ar y llwyfan.

Dych chi'n cofio perfformio ar lwyfan am y tro cyntaf?
Ydw, pan o'n i'n wyth mlwydd oed, dw i'n meddwl, yn 1980, yn Neuadd San Pedr. Roedd yr Opera Ieuenctid yn perfformio *Oliver*! Ro'n i'n nerfus, a fwynheais i ddim, a dweud y gwir.

Oedd diddordeb gyda chi mewn ***chwaraeon*** *pan o'ch chi'n ifanc?*
Oedd. Dechreuais i **gefnogi** tîm pêl-droed Spurs pan o'n i yn yr

bob tro – *every time*	**darlithydd** – *lecturer*
Coleg y Drindod – *Trinity College*	**côr** – *choir*
swil – *shy*	**llwyfan** – *stage*
ofni – *to fear*	**chwaraeon** – *sport*
cefnogi – *to support*	

ysgol gynradd. Roedd **prif fachgen** yr ysgol yn cefnogi Spurs, felly ro'n i eisiau cefnogi Spurs hefyd.

Roedd siop chwaraeon yng Nghaerfyrddin yn gwerthu **bathodynnau** Spurs. Roedd fy mam yn prynu'r bathodynnau. Wedyn roedd hi'n eu **gwnïo** nhw ar fy nillad.

Pwy oedd eich hoff ***chwaraewyr****?*
Ro'n i'n hoffi chwaraewyr fel Ossie Ardiles a Ricardo Villa.

O'ch chi'n mynd i Lundain i weld Spurs yn chwarae pan o'ch chi'n ifanc?
Na! Roedd Llundain yn bell iawn o Gaerfyrddin! Ond pan es i i'r coleg yn Llundain, ro'n i'n mynd i weld gemau'n aml.

Dych chi'n mynd i weld Spurs ***o hyd****?*
Ydw, dw i'n cefnogi Spurs o hyd ac mae Taliesin, fy mab, yn cefnogi hefyd.

Mae stori ddiddorol am gêm **olaf** Spurs yn White Hart Lane yn 2017. Roedd Taliesin eisiau mynd i'r gêm, ond doedd dim **tocynnau**. **Ro'n i wedi** trio a thrio cael tocynnau, ond roedd hi'n amhosib.

Yna, gofynnodd rhywun o Spurs, "Dych chi'n gallu dod i ganu yn y gêm olaf?" "Wrth gwrs," atebais. Ro'n i'n hapus iawn – nawr roedd tocynnau gyda ni i'r gêm!

prif fachgen – *head boy*	**bathodyn(nau)** – *badge(s)*
gwnïo – *to sew*	**chwaraewyr** – *players*
o hyd – *still*	**olaf** – *last*
tocyn(nau) – *ticket(s)*	**ro'n i wedi** – *I had*

Daeth Taliesin gyda fi i'r **ymarfer**. Roedd e'n hapus iawn – daeth ar y **cae** gyda fi hefyd.

Ar ddiwrnod y gêm olaf, roedd clwb Spurs yn wych. Aeth Tal a fi i'r cinio pwysig gyda **mawrion** Spurs – chwaraewyr fel Glenn Hoddle. Roedd **cefnogwyr** enwog yno hefyd. Gaeth Taliesin amser gwych. Roedd e'n eistedd gyda Chaz a Dave, a Syr Kenneth Branagh!

Beth am rygbi?
Pan o'n i'n ifanc, ro'n i'n mynd gyda fy nhad weithiau, i weld Llanelli yn chwarae. Nawr dw i'n hoffi mynd i weld y Scarlets yn chwarae.

Ro'n i'n chwarae rygbi yn yr ysgol, ond do'n i ddim yn dda iawn. Ro'n i'n ofni **colli** fy nannedd!

Oedd diddordebau ***eraill*** *gyda chi pan o'ch chi'n ifanc?*
Ro'n i a Mark, fy mrawd, yn mynd i gael gwersi coginio. Ena Thomas oedd yr athrawes. Roedd hi'n enwog – roedd hi'n coginio ar S4C. Ro'n ni'n cystadlu hefyd. Roedd Mark yn coginio'n dda iawn.

Ro'n i a Peter, fy ffrind gorau, yn hoffi mynd ar ein beiciau ar ôl yr ysgol. Roedd bywyd yn **syml** iawn pan o'n i'n ifanc – mynd i'r ysgol, mynd ar ein beiciau, ac yna gwneud gwaith cartref.

ymarfer – *practice*	**cae** – *field*
mawrion – *greats*	**cefnogwyr** – *supporters*
colli – *to lose*	**eraill** – *other (plural)*
syml – *simple*	

*I ba ysgol **uwchradd** aethoch chi?*
Es i i Ysgol Uwchradd Cambria. Dydy'r **adeilad** ddim yna nawr. Do'n i ddim yn gweithio'n **galed** yn yr ysgol uwchradd a dweud y gwir. Wnes i ddim llawer o berfformio, chwaith, ond ro'n i'n gwneud llawer tu fas i'r ysgol, wrth gwrs.

*Pwy oedd yr athrawon **dylanwadol** yn yr ysgol uwchradd?*
Roedd Ann Treharne Griffiths yn athrawes ddylanwadol iawn. Hi oedd fy athrawes gerddoriaeth. Daeth hi i'r ysgol pan o'n i yn y **chweched dosbarth**. Agorodd hi fy **nghlustiau** i gerddoriaeth **glasurol**. Roedd hi'n canu'r piano'n wych. Roedd hi'n canu'r piano, ac ro'n i'n canu.

Ro'n i'n hoffi gwaith **ymarferol**; ro'n i eisiau canu, dim gwrando ar gerddoriaeth. Gweithion ni gyda'n gilydd drwy'r *repertoire* canu, fel **caneuon** Schubert.

Yn y chweched dosbarth, **penderfynais** i fynd i astudio canu mewn **coleg cerdd**. Ro'n i'n lwcus iawn. Ces i **gynigion** o bob coleg cerdd. Doedd dim eisiau **graddau** da yn yr **arholiadau**. Do'n i ddim yn ddisgybl da iawn, a do'n i ddim yn gweithio'n galed iawn.

Un diwrnod, dw i'n cofio Ann Treharne Griffiths yn dweud, "Dw i

uwchradd – *secondary*	**adeilad** – *building*
caled – *hard*	**dylanwadol** – *influential*
chweched dosbarth – *sixth form*	**clustiau** – *ears*
clasurol – *classical*	**ymarferol** – *practical*
caneuon – *songs*	
penderfynu, penderfynais – *to decide, I decided*	
coleg cerdd – *college of music*	**cynigion** – *offers*
gradd(au) – *grade(s)*	**arholiad(au)** – *exam(s)*

eisiau i ti weithio'n galed nawr. Mae cynigion gyda ti i fynd i goleg cerdd, ond mae **dewis** gyda ti: mynd i mewn drwy'r drws cefn, neu drwy'r drws ffrynt." Felly, penderfynais i weithio'n galed. Ro'n i eisiau mynd i mewn drwy'r drws ffrynt!

Mae Ann yn ffrind mawr o hyd. Mae hi wedi bod yn fy ngweld i'n canu **dros y byd i gyd**. Hefyd, canais i ym **mhriodas** ei merch hi.

*O'ch chi'n hoffi **ieithoedd** yn yr ysgol uwchradd?*
Ddim wir, ddim ar y dechrau. Ond roedd Priscilla Jones, yr athrawes **Almaeneg**, yn hoffi canu. Dwedodd hi wrtha i, "Os wyt ti eisiau astudio canu, mae Almaeneg yn mynd i fod yn **ddefnyddiol**." Dw i'n **falch**, achos gweithiais i'n galed wedyn. Ces i **TGAU** Almaeneg. Mae'r iaith wedi bod yn ddefnyddiol i fi gyda'r canu, felly dw i'n **ddiolchgar** iawn iddi hi.

Beth astudioch chi ar gyfer safon Uwch/Lefel A?
Astudiais i Ddrama, Cerddoriaeth ac **Addysg Grefyddol**.

O'ch chi'n cystadlu mewn eisteddfodau o gwbl?
Wel, cystadlais i unwaith yn Eisteddfod yr Urdd. Enillais i yng Nghaernarfon. Do'n i ddim wir yn hoffi cystadlu.

Oedd swydd gyda chi pan o'ch chi yn yr ysgol?
Oedd, ces i fy swydd gyntaf pan o'n i'n 14 oed. Ces i'r swydd drwy

dewis – *choice*	**dros y byd i gyd** – *all over the world*
priodas – *wedding*	**ieithoedd** – *languages*
ddim wir – *not really*	**Almaeneg** – *German (language)*
defnyddiol – *useful*	**balch** – *glad, proud*
TGAU – *GCSE*	**diolchgar** – *grateful*
Addysg Grefyddol – *Religious Education*	

fy nghariad cyntaf, Vanessa Williams. Roedd ei mam hi'n rheoli swyddfa garej Ford yng Nghaerfyrddin. Felly, ces i swydd dydd Sadwrn, yn ateb y ffôn. Roedd pobl yn ffonio drwy'r dydd. Ro'n nhw'n gofyn cwestiynau, ond do'n i ddim yn gwybod yr atebion! Felly ro'n i'n ffonio mam Vanessa gartref – ar ei **diwrnod bant** – i gael yr atebion!

Ro'n i **wrth fy modd** yn gweithio yn y garej. Ro'n i'n cael £15 y dydd. Dysgais i beth oedd **gwerth** arian. Hefyd, ro'n i'n hoffi **arogl ceir newydd**!

Daeth y garej Ford yn ddefnyddiol iawn **un tro**. Roedd fy nhad a fi yn mynd yn y car i Lundain i gael **clyweliad** yng Ngholeg Guildhall. **Torrodd** y car **i lawr**. Ro'n i'n poeni – do'n i ddim eisiau colli'r clyweliad. Ffonion ni garej Ford, a gaethon ni gar arall. Dw i'n ddiolchgar i'r **perchennog** o hyd!

I ba goleg cerdd aethoch chi yn Llundain?
Penderfynais i fynd i'r Coleg Cerdd **Brenhinol**. Roedd Mark, fy mrawd, yn astudio canu yng Ngholeg Guildhall **yn barod**, felly ro'n i eisiau mynd i goleg arall.

Ond do'n i ddim yn hapus yn y Coleg Cerdd Brenhinol. Dim ond am dri mis ro'n i yno.

Cyn y Nadolig, es i i weld cyngerdd **diwedd tymor** Coleg Guildhall.

diwrnod bant – *day off*	**wrth fy modd** – *delighted*
gwerth – *value*	**arogl ceir newydd** – *the smell of new cars*
un tro – *once*	**clyweliad** – *audition*
torri i lawr – *to break down*	**perchennog** – *owner*
brenhinol – *royal*	**yn barod** – *already*
diwedd tymor – *end of term*	

Roedd fy mrawd yn perfformio yno. **Sylweddolais** – dw i wedi gwneud **camgymeriad**, dw i eisiau dod i astudio yma.

Es i i weld Anne Edwards, **Pennaeth** Canu yno, a gofyn, "Ga i ddod i astudio yma?" Atebodd hi, "Cei, ond dw i eisiau i ti astudio gyda fi." Ro'n i'n hapus iawn. Roedd hi'n enwog. Roedd hi wedi canu dros y byd gyda **chantorion** fel Geraint Evans a Stuart Burrows.

Beth o'ch chi'n wneud pan o'ch chi'n astudio i fod yn ganwr opera?
Roedd llawer o waith! Roedd gwersi canu bob wythnos, wrth gwrs. Roedd athro neu athrawes yn helpu i **wella techneg** y canu. Hefyd, roedd athro arall yn dysgu sut i **liwio**'r darn canu. Roedd gwersi drama, a gwersi symud hefyd. Mae'n bwysig symud yn dda **wrth berfformio**. Ro'n i'n dysgu ac yn perfformio darnau o operâu. Ro'n i'n canu yn y corws mewn opera lawn hefyd.

Mae dysgu ieithoedd a sut i **ynganu** ieithoedd yn bwysig iawn. Mae **Eidaleg**, Almaeneg, Ffrangeg a Saesneg yn bwysig pan dych chi'n ganwr opera.

sylweddoli, sylweddolais – *to realise, I realised*	**camgymeriad(au)** – *mistake(s)*
pennaeth – *principal, head*	**cantorion** – *singers*
gwella techneg – *to improve technique*	**lliwio** – *to colour, to add variation*
wrth berfformio – *while performing*	**ynganu** – *to pronounce*
Eidaleg – *Italian (language)*	

Coleg Guildhall, Llundain

- Mae Coleg Guildhall yn un o'r deg lle gorau yn y byd i astudio'r **celfyddydau** perfformio.
- Mae'r coleg yn y Barbican, Llundain.
- Dych chi wedi clywed am y **cyn-fyfyrwyr** yma? Syr Bryn Terfel, Syr James Galway, Daniel Craig, Jacqueline du Pré, Damian Lewis, Alistair McGowan, Sarah Lancashire, Syr George Martin a Jodie Whittaker.

Beth oedd y ***cyngor*** *gorau gaethoch chi pan o'ch chi'n astudio canu?*
Ces i'r cyngor gorau gan William McAlpine, fy athro canu. Ro'n i'n siarad â fe am dechneg canu. Edrychodd e arna i a dweud, "Just sing, boy!" **Hynny yw**, canu **o'r galon** yw'r peth pwysig.

Am faint o amser ro'ch chi'n astudio yng Ngholeg Guildhall?
Ro'n i yno am chwe blynedd. Ro'n i wrth fy modd. Mwynheais i'n fawr iawn, a dweud y gwir. Roedd llawer iawn o gantorion o Gymru yno, pobl sy'n ffrindiau o hyd heddiw, fel Rebecca Evans.

Ble ro'ch chi'n byw yn Llundain?
Ar y dechrau, ro'n i'n **rhannu** ystafell gyda Mark, fy mrawd. Ro'n i'n byw ar bwys hen farchnad Spitalfields. Roedd yr ystafell yn fach iawn, gyda dau **wely sengl**. Wedyn gaethon ni ystafell ychydig bach **yn fwy**! Roedd llawer o gantorion o Gymru yn byw

celfyddydau – *arts*	**cyn-fyfyrwyr** – *former students*
cyngor – *advice*	**hynny yw** – *that is*
o'r galon – *from the heart*	**rhannu** – *to share*
gwely sengl – *single bed*	**yn fwy** – *bigger*

yn **yr un lle**, fel Catrin Wyn Jones a Natalie Stuart Lloyd. Gaethon ni lawer o hwyl.

Oedd swydd gyda chi yn Llundain?
Oedd, doedd dim llawer o arian gyda fi ac roedd byw yn Llundain yn ddrud. Ro'n i'n gweithio yn y siop yn English National Opera. Ro'n i'n **gwerthu rhaglenni**. Roedd hi'n swydd wych achos ro'n i'n gallu **sleifio** i mewn i weld yr operâu.

Ro'n i wedi mynd i astudio opera – ond, a dweud y gwir, do'n i ddim yn gwybod llawer am opera. Ro'n i wedi clywed y caneuon enwog, ond dim opera lawn. Dw i'n cofio gweld *Tosca*, fy opera gyntaf, pan o'n i'n gweithio. Mwynheais i'n fawr. Gweithiais i am chwe blynedd pan o'n i'n astudio yn y Guildhall. Felly gwelais i lawer iawn o operâu, gyda chantorion gwych fel Leslie Garrett a Rosemary Joshua.

Sawl cwrs wnaethoch chi yn y Guildhall?
Gwnes i ddau gwrs. Gwnes i gwrs pedair blynedd i ddechrau, yna gwnes i gwrs **ôl-radd** am ddwy flynedd. Fel dwedais i, roedd Mark, fy mrawd, yn astudio canu hefyd. Roedd e **newydd orffen** y cwrs ôl-radd pan ddechreuais i. Dwedodd un o'r athrawon, "Plis, **Dduw**, does dim brawd arall, gobeithio!"

Tenor dych chi, ond beth am eich brawd, Mark?
Bariton yw fy mrawd. Roedd ein **lleisiau** ni'n **debyg** iawn. Roedd

yr un lle – *the same place*	
gwerthu rhaglenni – *to sell programmes*	
sleifio – *to sneak*	**ôl-radd** – *postgraduate*
newydd orffen – *just finished*	**Duw** – *God*
llais, lleisiau – *voice(s)*	**tebyg** – *alike*

y lleisiau yn y canol, felly ro'n ni'n gallu dewis bod yn denor neu'n fariton. Dych chi'n gallu **hyfforddi**'r llais i ganu'n **uchel** neu'n **isel**. Dewisodd Mark fod yn fariton, ond dewisais i fod yn denor. Dw i'n hapus iawn am hynny.

Pam?
Os dych chi'n denor eitha da, mae gwaith i chi. Mae digon o waith i denoriaid. Ond mae hi'n fwy anodd i fariton. Mae tenoriaid yn cael mwy o arian hefyd! Dw i'n cofio gofyn i Mark, "Beth yw'r **gwahaniaeth rhwng** bariton a thenor?" Atebodd e, "Mae tenor yn canu **nodau** uchel, ac mae bariton yn canu nodau isel." "Anghywir," atebais, "y gwahaniaeth yw £10,000 y nos!"

Beth yw hanes Mark?
Mae Mark wedi bod yn **llwyddiannus** iawn fel canwr opera. Mae e wedi canu fel prif fariton **Opera Cenedlaethol Cymru** ac yn y **tai opera** gorau dros Brydain a **gwledydd** eraill.

Nawr, mae e wedi dechrau cwmni: ABC of Opera. Maen nhw'n mynd i ysgolion cynradd i **gyflwyno** opera i blant. Mae'r plant yn cael llawer o hwyl. Maen nhw'n dysgu am hanes opera. Hefyd maen nhw'n dysgu am **gymeriadau** o operâu. Yn anffodus, mae cerddoriaeth yn **diflannu** o'r ysgolion achos y **toriadau**. Dw i'n

hyfforddi – *to train*	**uchel** – *high*
isel – *low*	**gwahaniaeth rhwng** – *difference between*
nodyn, nodau – *note(s)*	**llwyddiannus** – *successful*
Opera Cenedlaethol Cymru – *Welsh National Opera*	
tai opera – *opera houses*	**gwledydd** – *countries*
cyflwyno – *to introduce, to present*	**cymeriadau** – *characters*
diflannu – *to disappear*	**toriadau** – *cuts*

drist iawn am hynny. Felly, maen nhw'n gwneud gwaith pwysig iawn, dw i'n meddwl.

Beth ddigwyddodd i chi ar ôl gorffen yng Ngholeg Guildhall?
Ro'n i'n lwcus iawn; ces i le i astudio yn y National Opera Studio, yn Llundain eto. Ces i **nawdd** cwmni Opera Cenedlaethol Cymru i wneud y cwrs. Roedd y cwrs yn wych – roedd **hyfforddwyr** o'r tai opera yn dod i roi **sesiynau** i ni. Daeth yr hyfforddwyr i'n nabod ni. Os oedd swydd gyda nhw, ro'n nhw'n cofio amdanon ni.

National Opera Studio, Llundain

- Mae'n anodd iawn cael lle i astudio yn y stiwdio. Wyth myfyriwr oedd yn y stiwdio pan oedd Wynne yno. Mae un deg dau yn mynd ar y cwrs bob blwyddyn nawr.
- Mae chwe phrif gwmni opera **y DU** yn rhoi arian i'r stiwdio. Mae Opera Cenedlaethol Cymru yn un o'r chwe chwmni.
- **Yn ystod** y cwrs, mae'r myfyrwyr yn mynd i ganu gyda thri chwmni opera yn y DU. Hefyd, maen nhw'n perfformio darnau o operâu yn Llundain.

Ble gaethoch chi eich swydd gyntaf fel canwr?
Yn Glasgow, gydag Opera'**r Alban**. Ces i swydd fel prif denor yno. Ond do'n i ddim yn hapus o gwbl. Syr Richard Armstrong oedd y **cyfarwyddwr artistig**. Roedd e'n berson anodd iawn. Do'n i ddim

nawdd – *sponsorship*	**hyfforddwyr** – *coaches*
sesiynau – *sessions*	**y DU** – *the UK*
yn ystod – *during*	**yr Alban** – *Scotland*
cyfarwyddwr artistig – *artistic director*	

yn gallu gweithio gyda fe, yn anffodus. **Drwy lwc**, ces i gynnig swydd gydag Opera Cenedlaethol Cymru yng Nghaerdydd.

Gweithiais i gyda Syr Richard Armstrong **flynyddoedd** wedyn. Gaethon ni sgwrs fach, ac aethon ni am ddiod gyda'n gilydd, felly 'dyn ni'n ffrindiau nawr!

Gaethoch chi amser da gyda chwmni Opera Cenedlaethol Cymru?
Do, ro'n i wrth fy modd. Fi oedd y prif denor, felly roedd hi'n swydd **ddelfrydol** i fi.

Hefyd, roedd fy **nghyn-wraig** yn dod o Gaerdydd. Roedd hi'n chwarae'r **corn Ffrengig**. Ond roedd hi wedi cael amser anodd – roedd ei **gwefus** hi wedi stopio gweithio'n iawn. Roedd hi'n **methu** chwarae'r corn. Roedd hi eisiau dod 'nôl i Gaerdydd. Roedd hi eisiau bod ar bwys y teulu.

Ychydig wedyn, gaethon ni ein plentyn cyntaf. Felly roedd hi'n braf symud 'nôl i Gymru.

*Ydy popeth wedi bod yn hawdd yn eich **gyrfa**?*
Nac ydy. Ces i amser anodd pan o'n i'n canu yn Glasgow. Ro'n i wedi astudio canu am saith mlynedd, ac ro'n i'n chwarae rhan o'r ***Ffliwt Hud*** gan Mozart. Dw i'n cofio edrych ar y gerddoriaeth a meddwl, "Dw i ddim yn gwybod beth sy'n digwydd, dw i **ar goll**."

drwy lwc – *as luck would have it*	**blynyddoedd** – *years*
delfrydol – *ideal*	**cyn-wraig** – *ex-wife*
corn Ffrengig – *French horn*	**gwefus** – *lip*
methu – *to fail, to be unable to*	**gyrfa** – *career*
ffliwt hud – *magic flute*	**ar goll** – *lost*

Ar y pryd, Doreen O'Neill oedd fy **asiant**. Mae hi'n dod o Bontarddulais yn wreiddiol. Dwedodd hi, "Dw i eisiau i ti siarad â Dennis, fy mrawd." Mae pawb yng Nghymru'n gwybod am Dennis O'Neill, y tenor enwog. Mae e wedi canu a hyfforddi dros y byd.

Es i i weld Dennis yn y tŷ. Dwedodd e, "Mae llais da gyda ti, ond does dim syniad gyda ti beth wyt ti'n wneud. Mae eisiau i ti ddechrau cael gwersi canu eto – mae dy lais di **dros y lle i gyd**."

Gofynnais i i Dennis, "Dych chi'n gallu rhoi gwersi i fi?" Atebodd e, "Nac ydw, achos dw i'n brysur iawn; dw i'n canu ac yn hyfforddi myfyrwyr. Does dim amser gyda fi."

Dwedais i, "Diolch, Dennis." Es i o'r tŷ. Cerddais i at y car. Ro'n i'n drist iawn. Do'n i ddim yn gwybod ble i ddechrau, a dweud y gwir. Ro'n i ar goll. Ond penderfynais i fynd 'nôl i'r tŷ. Ro'n i'n nerfus iawn, ond ro'n i eisiau **perswadio** Dennis i roi gwersi i fi. Doedd hi ddim yn hawdd perswadio Dennis. Ond diolch byth, cytunodd e. Dwedodd e, "Bob dydd pan dw i gartre, dw i eisiau i ti ddod i gael gwers ganu."

Felly gwnes i hynny. Ces i wersi gyda fe am fisoedd. Weithiau, dim ond nodyn ro'n i'n canu – am awr! Rhoddodd Dennis **gannoedd** o wersi canu i fi. Ond doedd e ddim yn **fodlon cymryd** arian o gwbl. **Thalais i ddim ceiniog** am y gwersi.

Dw i'n ddiolchgar iawn iddo fe, achos achubodd e fy ngyrfa i. Ar ôl y gwersi, ro'n i'n gallu canu'n iawn eto. Hefyd, cyflwynodd e fi

ar y pryd – *at the time*	**asiant** – *agent*
dros y lle i gyd – *all over the place*	**perswadio** – *to persuade*
cannoedd – *hundreds*	**bodlon** – *willing*
thalais i ddim ceiniog – *I didn't pay a penny*	

i'r bobl iawn, a daeth cynigion i ganu mewn llawer o dai opera pwysig. Dyn **arbennig** yw Dennis, dyn **anhygoel**.

Dych chi wedi teimlo'n nerfus?
Do'n i ddim yn teimlo'n nerfus. Ond wedyn, ces i amser anodd pan fuodd fy mam farw. Ces i sioc fawr. Yna, **yn sydyn**, collais i fy **hyder**. Do'n i ddim yn gallu mynd ar y llwyfan o gwbl. Doedd **dim ots lle** roedd y llwyfan – llwyfan mewn neuadd fach, neu lwyfan mewn tŷ opera mawr – ro'n i'n nerfus dros ben. Ro'n i'n poeni. Roedd e'n amser anodd iawn i fi. Roedd teulu ifanc gyda ni a doedd dim llawer o arian gyda ni.

Diolch byth, daeth pethau 'nôl yn iawn ar ôl ychydig bach o amser.

Dych chi wedi colli eich rhieni ***erbyn hyn****.*
Ydw, dw i'n **gweld eisiau** fy rhieni'n fawr. Collon ni fy mam yn sydyn iawn. Roedd fy mam yn gwneud llawer yng Nghaerfyrddin. Roedd hi'n berson **penderfynol** iawn – os oedd hi eisiau gwneud rhywbeth, doedd dim byd yn stopio fy mam. Doedd hi ddim yn dilyn y **rheolau** weithiau! Ond roedd hi'n **llwyddo** i wneud pethau – fel achub y Lyric.

Roedd hi'n fam dda, ond roedd hi'n anodd byw gyda hi weithiau. A dweud y gwir, doedd hi ddim yn **gofalu amdani ei hunan**.

arbennig – *special*	**anhygoel** – *incredible*
yn sydyn – *suddenly*	**hyder** – *confidence*
dim ots lle – *no matter where*	**erbyn hyn** – *by now*
gweld eisiau – *to miss*	**penderfynol** – *determined*
rheol(au) – *rule(s)*	**llwyddo** – *to succeed*
gofalu amdani ei hunan – *to look after herself*	

Huw, Mark a fi yn 1972.
Fi yw'r un bach!

Nadolig 1978: Mam, Mark, Huw, Sami a fi. Bachgen o Lebanon oedd Sami. Roedd e'n byw gyda ni am flwyddyn.

Ysgol Pentrepoeth, 1982.
Dw i yn y cefn, y 4ydd o'r dde.

Bugsy Malone yn Ysgol Cambria, 1985. Fi oedd Fat Sam.

The Drunkard, 1988 (drama wnaethon ni yn Ysgol Cambria). Dw i yn y rhes ganol, ar y dde.

©Sheila Burnett / ArenaPAL

Gyda'r National Opera, 1997.

Huw, fy mrawd, yn cael ei dderbyn i'r Llynges (*the Navy*).

Karen Evans, fi, Mam a Lydia Jones, pan gafodd Mam MBE.

Sgwâr y Neuadd Ddinesig (*Civic Hall*), Caerfyrddin.

Mam a Dad, Nos Galan (31 Rhagfyr) 1996.

Dennis O'Neill

Theatr y Lyric, Caerfyrddin.

Dad a fi yn St Petersburg yn 2006.

Bryn Terfel a fi yng Ngerddi Aberglasne 2011.

Stephen Hawking a fi yn ffilmio hysbyseb yn 2013.

Cinio gydag Anti Mary, chwaer fy nhad, ac Ismay a Taliesin y plant yn 2018.

Fi a Tracey Ullman yn ffilmio ei sioe newydd yn 2015.

Fi, y tenor

Doli newydd Go Compare yn 2014!

Gweithio i Radio Wales yn y Sioe Frenhinol (Royal Welsh) yn 2016.

Roedd fy mam a fi'n agos iawn. Ro'n ni'n debyg iawn, ond roedd **perthynas danllyd** gyda ni.

Pryd buodd hi farw?
Buodd hi farw yn 2004. Roedd hi'n sioc fawr. Roedd hi'n cadw'r teulu gyda'i gilydd. Digwyddodd popeth yn sydyn. Fy nhad oedd **yn dost** i ddechrau. Roedd fy nhad wedi bod yn dost iawn, roedd canser yn ei **asgwrn cefn** e. Roedd e yn yr ysbyty yn Llundain am chwe mis, ac roedd un ohonon ni, fi neu Huw neu Mark, gyda fe drwy'r amser.

Yna'n sydyn, dwedodd fy mam, "Dw i ddim yn gallu symud fy nghoesau." Do'n ni ddim yn siŵr ar y dechrau. Oedd hi'n dweud y gwir? Roedd hi'n gallu bod yn berson dramatig weithiau. Ond aeth Mark i weld fy mam. Dwedodd e wrth Huw a fi, "Ydy, mae hi wir yn dost."

Aeth hi i Ysbyty Glangwili yng Nghaerfyrddin. Wedyn, aeth hi i Ysbyty **Treforys** i gael sgan. Gwelon nhw fod **haint** ar ei hasgwrn cefn hi. Doedd hi ddim yn gallu symud o'r **frest** i lawr. Wedyn gaeth hi **niwmonia**. Doedd hi ddim wedi bod yn gofalu amdani ei hunan, fel dwedais i. Felly, yn sydyn, roedd hi'n dost iawn.

Dwedodd y meddyg wrtha i, "Mae wythnos gyda hi i fyw." Felly, ffoniais i Huw a Mark. Daethon nhw i'r ysbyty i weld fy mam. Y diwrnod **hwnnw** ym mis Rhagfyr, roedd hi'n edrych yn dda. Roedd hi'n siarad â ni ac ro'n ni'n meddwl, "O, dydy hi ddim yn dost iawn." Aeth hi i gysgu ac aethon ni i gael bwyd. Ond pan o'n

perthynas danllyd – *a fiery relationship*	**yn dost** – *ill*
asgwrn cefn – *backbone*	**Treforys** – *Morriston*
haint – *infection*	**brest** – *chest*
niwmonia – *pneumonia*	**hwnnw** – *that (masculine)*

ni'n bwyta, canodd y ffôn. Yn anffodus, roedd fy mam wedi marw. Dim ond 60 oedd hi.

Roedd hi'n amser anodd iawn i chi fel teulu.
Oedd, wir. Roedd hi'n amser anodd, anodd i ni fel teulu. Daeth fy nhad mas o'r ysbyty yn Llundain, ar ôl chwe mis, mewn **cadair olwyn**. Roedd e ar goll. Roedd e wedi colli ei wraig yn sydyn.

Symudodd fy nhad i fyw yng Nghaerdydd gyda Huw, fy mrawd. Mae Huw yn byw ddau ddrws i lawr oddi wrtha i. Gaethon ni chwe blynedd arall gyda fe; buodd e farw yn 2011. Daethon ni'n agos iawn. Roedd hi'n hyfryd cael fy nhad gyda ni am y blynyddoedd **yna**. Roedd e'n dod ar wyliau gyda ni, ac roedd e'n dad-cu hyfryd i'r plant.

*Sefydloch chi **Ymddiriedolaeth** Elizabeth Evans **er cof am** eich mam.*
Do, ro'n ni wedi cael sioc fawr fel teulu. Ro'n ni eisiau gwneud rhywbeth er cof am fy mam. Felly, sefydlon ni ymddiriedolaeth. Ro'n ni eisiau **parhau** gwaith fy mam. Rhedon ni'r ymddiriedolaeth am ddeng mlynedd. Dw i'n falch iawn o'r gwaith. Rhoddon ni grantiau i bobl ifanc, **gwerth dros** £100,000 i gyd. Roedd yr arian yn helpu pobl ifanc i astudio'r celfyddydau perfformio. Rhoddodd yr ymddiriedolaeth help i gantorion fel Gary Griffiths a Natalya Romaniw i astudio. Erbyn hyn, maen nhw wedi canu yng nghystadleuaeth Canwr y Byd Caerdydd y BBC.

cadair olwyn – *wheelchair*	**yna** – *those*
ymddiriedolaeth – *a trust*	**er cof am** – *in memory of*
parhau – *to continue*	**gwerth dros** – *worth over*

Dych chi wedi perfformio mewn tai opera dros Brydain ac Ewrop, ond beth yw ***uchafbwynt*** *eich gyrfa fel canwr opera?*
Yr uchafbwynt oedd canu yn y Tŷ Opera Brenhinol yn Llundain am y tro cyntaf, yn 2009. Ro'n i wrth fy modd yn canu yno. Erbyn hyn, dw i wedi ymddeol o ganu opera, bron. Dw i'n gwneud cyngherddau a weithiau dw i'n canu ar **fordeithiau** hefyd.

Oes uchafbwyntiau eraill?
Mae gormod, a dweud y gwir. Dw i wedi gwneud pethau gwych. Dw i wedi cael **profiadau** gwych. Dw i wedi canu gydag Opera Cenedlaethol Lloegr, ac Opéra National de Lyon. Dw i wedi recordio a chanu gyda'r **cerddorfeydd** gorau a dw i wedi canu yng Nghanolfan Mileniwm Cymru, yn y Proms yn Neuadd Albert, Arena O2, Arena Wembley, ac ati.

Dych chi'n canu'n aml cyn gemau rygbi.
Ydw, dw i'n hoffi canu cyn gemau rygbi. Dw i'n mwynhau canu yn Stadiwm Principality. Yr uchafbwynt oedd gêm Cymru **yn erbyn Seland Newydd** yn 2004. Gwnaeth tîm Seland Newydd yr Haka, wedyn canais i. Roedd rhaid i fi wisgo crys rygbi Cymru. Doedd y crys **mwyaf** ddim yn fawr iawn, felly roedd e ychydig bach **yn dynn**!

Hefyd yn Stadiwm Principality, yn 2007 canais i 'Hen Wlad fy Nhadau' cyn **gornest focsio** Joe Calzaghe a Peter Manfredo. Gwyliodd 150 miliwn yr ornest ar y teledu. Profiad anhygoel.

uchafbwynt – *highlight*	**mordeithiau** – *cruises*
profiad(au) – *experience(s)*	**cerddorfa, cerddorfeydd** – *orchestra(s)*
yn erbyn – *against*	**Seland Newydd** – *New Zealand*
mwyaf – *largest*	**yn dynn** – *tight*
gornest focsio – *boxing match*	

Pryd dechreuoch chi fod yn Gio Compario ar hysbysebion Go Compare?
Dechreuais i ganu ar yr hysbysebion yn 2009. Roedd 2009 yn flwyddyn dda! Ces i gynnig y gwaith yn **annisgwyl**. Cyn hynny, ro'n i wedi gweithio ar hysbyseb **creision** Walkers. Ces i'r gwaith drwy asiant o Lundain o'r enw Jeff Wayne. Mae e'n enwog am **fersiwn** llwyfan o *War of the Worlds*. Yn hysbyseb creision Walkers, roedd Gary Lineker yn actio rhan canwr opera. Fi oedd llais Gary Lineker yn yr hysbyseb.

Wedyn roedd Go Compare yn chwilio am ganwr ar gyfer hysbyseb. Cwmni o Gymru yw Go Compare. Aethon nhw at yr un asiant o Lundain. Achos yr hysbyseb creision Walkers, gofynnon nhw i fi fod yn Gio Compario, yn lwcus iawn! **Ers hynny**, dw i wedi cael tri **chytundeb** gyda nhw. Mae'r **trydydd** cytundeb yn gorffen **cyn hir**.

Beth yw hanes cân Go Compare?
Mae hanes cân Go Compare yn ddiddorol. 'Over there' oedd enw'r gân wreiddiol. Cân propaganda rhyfel o America yw hi, o 1917. "Over there, over there, Send the word, send the word over there, That the Yanks are coming, The Yanks are coming..." Yn rhyfedd iawn, 'dyn ni wedi recordio'r hysbysebion **ym Mhrag**, mewn neuadd ddawnsio lle roedd SS y **Natsïaid** yn yr Ail Ryfel Byd, a hefyd yn stiwdios Barendorf ym Mhrag lle roedd Hitler yn ffilmio ffilmiau propaganda.

annisgwyl – *unexpected*	**creision** – *crisps*
fersiwn – *version*	**ers hynny** – *since then*
cytundeb – *contract*	**trydydd** – *third*
cyn hir – *before long*	**ym Mhrag** – *in Prague*
Natsïaid – *Nazis*	

Dim ond canu ar yr hysbyseb dych chi?
Nage. Dw i'n rhan o'r **broses** i gyd. Dw i'n dweud beth dw i'n feddwl am y gerddoriaeth. Maen nhw eisiau i fi fod yn hapus gyda'r broses. Mae'n ardderchog, a dweud y gwir.

Faint o amser mae'n gymryd i recordio hysbyseb?
Mae'n gallu cymryd pum niwrnod. Maen nhw'n recordio'r **sain** yn gyntaf: y gerddorfa, fy llais i, a lleisiau eraill hefyd, weithiau. Wedyn mae llawer o waith CGI (*computer-generated imagery*) yn digwydd. Ond dw i ddim yn gweld y gwaith yna. Yn aml iawn, dw i **ar fy mhen fy hunan** mewn bocs gwyrdd!

Mae gwaith y tîm yn gallu cymryd chwe mis. **Gyda llaw**, yr un tîm wnaeth hysbyseb 'For Mash, Get Smash' a 'Hamlet'.

*Felly, dych chi ddim wedi dawnsio ar **adenydd** awyren?*
Nac ydw, **yn bendant**!

*Dych chi wedi **ymddangos** gyda llawer o bobl enwog ar yr hysbysebion.*
Do, dw i wedi ymddangos gyda phobl fel Sue Barker, Jimmy Carr, Stuart Pearce, Ray Mears a'r **diweddar Athro** Stephen Hawking. Mae stori ddoniol amdano fe. Cwrddon ni mewn **digwyddiad**, a siaradon ni am yr hysbysebion. Wedyn, **troais** i i fynd. Pan o'n i'n cerdded i ffwrdd, clywais i lais Stephen Hawking yn dweud, "Hasta la vista, fatty!" Troais i 'nôl, ac roedd Stephen Hawking yn gwenu! Person hyfryd a doniol.

proses – *process*	**sain** – *sound*
ar fy mhen fy hunan – *by myself*	**gyda llaw** – *by the way*
adenydd – *wings*	**yn bendant** – *definitely*
ymddangos – *to appear*	**diweddar** – *late, deceased*
Athro – *Professor*	**digwyddiad** – *event*
troi, troais – *to turn, I turned*	

Ydy'r hysbysebion wedi newid eich bywyd chi?
Ydyn. Yn bendant. Mae'r hysbysebion wedi newid fy mywyd i. Mae cwmni Go Compare wedi bod yn dda iawn. Ar y dechrau, ces i gytundeb tair blynedd. Roedd yr hysbyseb yn llwyddiannus iawn. Roedd pobl yn cofio'r hysbyseb. Roedd rhai pobl yn hoffi'r hysbyseb, ond roedd rhai pobl yn **casáu**'r hysbyseb hefyd.

Ces i ychydig o **drafferth** – roedd rhai pobl yn dod ata i. Ro'n nhw'n gweiddi 'Go Compare' yn fy wyneb. Ond gaeth Go Compare *minders* i ofalu amdana i.

Ar ôl y cytundeb tair blynedd, roedd Go Compare eisiau rhoi cytundeb arall i fi. Dwedon nhw, "Mae'r hysbyseb wedi bod yn llwyddiannus. 'Dyn ni eisiau i chi gael mwy o arian. 'Dyn ni eisiau i chi **rannu yn y llwyddiant**." Mae'r cwmni wedi tyfu llawer achos yr hysbyseb. Mae rhagor o bobl yng Nghymru wedi cael gwaith. Dw i'n hapus iawn am hynny.

Hefyd, wrth gwrs, mae'r hysbyseb wedi bod yn dda iawn i fi. Mae pobl yn fy nabod i achos yr hysbyseb. Mae'r hysbyseb wedi agor llawer o **ddrysau** i fi.

Mae'r hysbysebion wedi newid bywyd y plant hefyd. Mae pobl yn gwybod amdana i, felly mae'r plant yn cael gwneud pethau diddorol. Os 'dyn ni'n mynd i weld sioe, 'dyn ni'n gallu mynd **gefn llwyfan** i weld y perfformwyr. Maen nhw'n mwynhau hynny. Mae hynny'n braf.

Ond mae'n gallu bod yn anodd i'r plant hefyd. Weithiau, pan 'dyn ni'n bwyta mas, mae pobl yn dod aton ni. Maen nhw'n gofyn

casáu – *to hate*	**trafferth** – *trouble*
rhannu yn y llwyddiant – *to share the success*	
drysau – *doors*	**gefn llwyfan** – *backstage*

am **hunlun** gyda fi. Dw i'n hapus i gael hunlun achos dw i'n **cynrychioli** brand – fy mrand i, brand Go Compare a brand y BBC nawr hefyd. Ond dydy e ddim yn hawdd i'r plant.

Roedd 2011 yn flwyddyn bwysig i chi.
Oedd, ces i **ddêl** recordio gyda Warner Music. Ro'n i wrth fy modd. Dwedon nhw, "Dych chi'n mynd i gael cerddorfa, a dych chi'n mynd i gael côr – dych chi'n gallu dewis beth dych chi eisiau canu."

Ro'n i'n gwybod beth ro'n i eisiau canu ar y CD *A Song in My Heart*. Dw i'n **dwlu ar** lais Mario Lanza. Dewisais i ganeuon Mario Lanza, fel 'With a song in my heart' a 'Be my love', a 'Granada'. Mae rhai caneuon opera **poblogaidd** ar y CD hefyd, fel 'O Sole Mio' a 'Nessun Dorma'. Dewisais i 'Ave Maria' achos roedd fy mam yn hoffi'r gân. Canais i '**Gweddi'r Arglwydd**' yn Gymraeg hefyd ar y diwedd. Mae'n agos at fy nghalon i.

Roedd y CD yn llwyddiannus iawn.
Oedd, cyrhaeddodd y CD rif 1 yn y **siartiau clasurol**. Ro'n i'n hapus iawn.

Dych chi wedi recordio CDau eraill?
Ydw, dw i wedi recordio'r CD *Wynne* gyda Classic FM hefyd. Dw i'n canu dwy gân Gymraeg, 'Myfanwy' a 'Suo Gân', a llawer o ganeuon poblogaidd, fel 'You are my Heart's Delight', 'The Impossible Dream' a 'My Love is like a Red, Red Rose'.

hunlun – *selfie*	**cynrychioli** – *to represent*
dêl – *deal*	**dwlu ar** – *to adore, to love*
poblogaidd – *popular*	**Gweddi'r Arglwydd** – *The Lord's Prayer*
siartiau clasurol – *classical charts*	

Ers pryd dych chi'n cyflwyno?
Dechreuais i gyflwyno yn 2011. Roedd Radio Wales yn gwneud rhaglen **dydd Calan**. Gofynnon nhw i fi gyflwyno. Ces i amser da a mwynheais i.

Wedyn ro'ch chi ar S4C.
O'n. I ddechrau, yn 2012, ro'n i'n un o'r **cystadleuwyr** ar y rhaglen *Cariad@iaith*. Roedd Lucy Owen o *Wales Today* a Gareth Thomas, y chwaraewr rygbi, ar yr un rhaglen.

Ro'n i'n hapus pan ges i gynnig mynd ar y rhaglen. Ro'n i eisiau dysgu Cymraeg yn iawn. Do'n i ddim wedi clywed Cymraeg gartref. Roedd fy nhad yn siarad Cymraeg, ond doedd e ddim yn siarad Cymraeg yn y tŷ, yn anffodus.

Fwynheais i ddim astudio Cymraeg yn yr ysgol. Doedd dim diddordeb gyda fi, a dweud y gwir. Ro'n i'n gwybod geiriau, fel '**pwll nofio**', 'ffenestri' a 'newydd'. Ond do'n i ddim yn gwybod sut i roi'r geiriau gyda'i gilydd. Do'n i ddim yn gwybod sut i ofyn cwestiwn fel: 'Dych chi wedi gweld ffenestri newydd y pwll nofio?'

Ro'n i eisiau gwneud yn dda ar y rhaglen. Do'n i ddim eisiau bod yn 'glown y dosbarth' nawr. Felly gweithiais i'n galed cyn mynd ar y rhaglen. Ro'n i'n **gystadleuol** iawn!

Beth ddigwyddodd wedyn?
Ar ôl *Cariad@iaith*, gweithiais i'n galed i wella fy Nghymraeg. Ces i wersi Cymraeg. Erbyn 2013, ro'n i'n cyflwyno rhaglenni ar S4C. Ro'n i wrth fy modd, achos dw i'n teimlo'**n gryf** dros yr iaith. Mae

dydd Calan – *New Year's Day*	**cystadleuwyr** – *contestants*
pwll nofio – *swimming pool*	**cystadleuol** – *competitive*
yn gryf – *strongly*	

fy mhlant, Ismay a Taliesin, yn siarad Cymraeg yn rhugl. Maen nhw wedi bod i ysgolion Cymraeg yng Nghaerdydd.

Pa raglenni wnaethoch chi?
Gwnes i'r rhaglen *'Nôl Gartre yn y Lyric* – cyngerdd, gyda Rebecca Evans, Mark Evans, fy mrawd, a chantorion eraill.

Gwnes i **gyfres** o'r enw *Am Ddrama*. Teithiais i drwy Gymru i gwrdd â phobl mewn **cymdeithasau** *am dram* ac operatig. Ro'n i wrth fy modd gyda'r bobl. Ro'n nhw fel fy rhieni. Ro'n i'n rhoi tasg iddyn nhw. Wedyn, ro'n i'n helpu gyda'r dasg, gyda'r canu a'r gwaith ar y llwyfan. Ac ro'n nhw'n fy helpu i gyda fy Nghymraeg.

Mewn cyfres arall, *Wynne Evans ar Waith*, es i at dri chwmni mawr yng Nghymru. Cwrddais i â'r gweithwyr. Clywais i'r gweithwyr yn canu, a gwnes i gôr o weithwyr. Wedyn, recordiodd y côr gân: 'Cân heb ei chanu' ('A song not sung') gyda fi. Gaethon ni lawer o hwyl.

Wedyn, dair blynedd ar ôl cystadlu yn *Cariad@iaith*, cyflwynais i'r rhaglen. Ro'n i'n falch iawn achos roedd fy Nghymraeg wedi gwella.

Dw i'n ddiolchgar iawn i bobl fel Dafydd Rhys, **comisiynydd** yn S4C ar y pryd, am ei **gefnogaeth**.

Dych chi'n cael gwaith ar S4C nawr?
Nac ydw. Mae pethau wedi newid yn S4C. Dw i ddim yn gwybod pam, ond dyn nhw ddim eisiau dysgwyr ar y sianel, dw i ddim yn meddwl.

cyfres – *series*	**cymdeithas(au)** – *society(ies)*
comisiynydd – *commissioner*	**cefnogaeth** – *support*

Dw i'n drist iawn am hyn. Ro'n i'n mwynhau bod ar S4C. Mae dysgwyr yn bwysig yng Nghymru. Mae'n bwysig gweld dysgwyr ar S4C. Does dim ots os 'dyn ni'n gwneud camgymeriadau. Os yw **siaradwyr** Cymraeg a dysgwyr yn gweld rhywun fel fi ar S4C, maen nhw'n meddwl, 'Does dim ots os dw i'n gwneud camgymeriadau, y peth pwysig yw siarad Cymraeg.'

Yn Ffrainc, 'dyn ni'n hapus i drio siarad Ffrangeg, does dim ots os 'dyn ni'n gwneud camgymeriadau. Ond gyda'r Gymraeg, 'dyn ni'n ofni gwneud camgymeriadau. Wedyn 'dyn ni'n troi i siarad Saesneg. Mae'n **drueni** mawr. Mae lle pwysig i ddysgwyr ar S4C, **yn fy marn i**.

Gwnaethoch chi TGAU Cymraeg ar y rhaglen Search for A* *ar y BBC.*
Do, ces i **gyfle** i astudio Cymraeg eto. Mwynheais i'n fawr. Gwnes i'r arholiad yn Ysgol Uwchradd **yr Eglwys Newydd** yng Nghaerdydd. Ces i A* hefyd!

Roedd y profiad yn ddiddorol achos mae fy mhlant yn gwneud TGAU nawr. Dw i'n deall beth maen nhw'n **mynd drwyddo**.

Dych chi'n gweithio llawer ar Radio Wales nawr.
Ydw, dechreuais i weithio ar Radio Wales ar ddydd Sadwrn i ddechrau. Ro'n i'n mwynhau cyflwyno a siarad â phobl. Wedyn yn 2013 ces i raglen bob nos Wener, *Wynne Evans's Big Welsh Weekend.*

siaradwyr – *speakers*	**trueni** – *pity, shame*
yn fy marn i – *in my opinion*	**cyfle** – *opportunity*
yr Eglwys Newydd – *Whitchurch*	**mynd drwyddo** – *to go through*

Ar ôl **rhai** blynyddoedd, gofynnodd Radio Wales i fi, "Dych chi eisiau sioe bob dydd? 'Dyn ni eisiau rhywun i gyflwyno sioe rhwng 11 ac 1 bob dydd." Ro'n i'n hapus. Ro'n i'**n briod** ar y pryd. Do'n i ddim eisiau teithio gormod. Ro'n i eisiau **treulio** rhagor o amser gartref, felly cytunais i.

Dw i'n mwynhau gwneud y sioe yn fawr iawn. Dw i'n hoffi siarad â phobl Cymru ar y radio. Dw i'n mwynhau siarad â **phobl gyffredin**, nid '**sêr**'.

Yn ddiweddar, dw i wedi bod drwy amser anodd yn bersonol. Dw i wedi bod drwy **ysgariad**. Do'n i ddim eisiau cael ysgariad. Mae'r sioe radio wedi bod yn wych. Mae hi wedi achub fy mywyd, a dweud y gwir. Mae'r sioe'n rhoi **rheswm** i fi godi bob bore. Mae hi'n rhoi **gwên** ar fy wyneb bob dydd.

Dw i'n siarad yn onest â phobl ar y sioe ac mae'n brofiad cathartig. Mae'r **gwrandawyr** yn wych, a dweud y gwir.

Mae'r sioe wedi bod yn llwyddiannus iawn.
Ydy, dw i'n falch iawn am hynny. Mae **nifer** y gwrandawyr wedi **dyblu** mewn dwy flynedd. Dw i wrth fy modd. Dw i'n mwynhau bod ar y radio. Mae'r rhaglen yn wahanol bob dydd. Dw i'n lwcus iawn.

Dw i wedi gwella fel **darlledwr**, dw i'n meddwl. Ar y dechrau, ro'n i'n siarad a siarad, ro'n i'n mynd 100 **milltir yr awr**. Ond dw i wedi

rhai – *some*	**yn briod** – *married*
treulio – *to spend (time)*	**pobl gyffredin** – *ordinary people*
sêr – *stars*	**yn ddiweddar** – *recently*
ysgariad – *divorce*	**rheswm** – *reason*
gwên – *smile*	**gwrandawyr** – *listeners*
nifer – *number, amount*	**dyblu** – *to double*
darlledwr – *broadcaster*	**milltir yr awr** – *miles an hour*

arafu. Marathon yw bod ar y radio, dim sbrint!

Os dw i'n teithio, dw i'n ceisio gwneud y sioe. Yn ddiweddar, gwnes i'r sioe o Cape Town a Phrag.

Dych chi wedi dysgu llawer am gerddoriaeth bop wrth wneud y sioe?
Ydw! Do'n i ddim yn gwybod llawer am gerddoriaeth bop cyn dechrau gwneud y sioe. Ond dw i'n gwrando ar gerddoriaeth bop nawr hefyd.

Ond cerddoriaeth glasurol yw fy nghariad cyntaf. Ar y sioe, mae 'Tuesday Tune' gyda ni – i gyflwyno cerddoriaeth glasurol i'r gwrandawyr.

Dych chi'n cyflwyno cerddoriaeth glasurol hefyd?
Ydw, dw i'n cyflwyno cyngherddau amser cinio ar Radio 3 a dw i'n cyflwyno ar Classic FM hefyd.

Ar Radio Wales, dw i'n mwynhau cyflwyno rhaglen amser cystadleuaeth Canwr y Byd yng Nghaerdydd. Mae'r gystadleuaeth yng Nghaerdydd **bob dwy flynedd**. Dw i'n cyflwyno gyda Rebecca Evans. 'Dyn ni'n ffrindiau mawr – mae hi'n gariad! 'Dyn ni'n mwynhau siarad am gantorion a cherddoriaeth gyda'n gilydd. 'Dyn ni'n ceisio **esbonio** techneg canu i'r gwrandawyr.

Dych chi wedi cael sawl anrhydedd am eich gwaith.
Ydw, dw i wedi bod yn lwcus iawn.

Ces i anrhydedd Urdd Hybarch Sant Ioan (Venerable Order of Saint John) gan y **Frenhines** yn 2008.

arafu – *to slow down*	**bob dwy flynedd** – *every two years*
esbonio – *to explain*	**brenhines** – *queen*

Ces i anrhydedd gan **Brifysgol y Drindod Dewi Sant** yn 2015. Mae campws gyda'r Brifysgol yng Nghaerfyrddin, wrth gwrs. Dwedodd yr **Is-Ganghellor**, yr Athro Medwin Hughes, "Ro'n ni eisiau rhoi anrhydedd i'ch mam achos ei gwaith pwysig hi yng Nghaerfyrddin. Ond yn anffodus, buodd hi farw." Felly, ro'n i'n hapus iawn i gael yr anrhydedd **ar ran** fy mam.

*Dych chi'n **aelod** o'r **Orsedd** hefyd.*
Ydw. Des i'n aelod o'r Orsedd yn 2012. Roedd yn anrhydedd arbennig iawn i fi. Do'n i ddim wedi bod i'r Eisteddfod Genedlaethol tan 2011. Mwynheais i'n fawr. Wedyn, ces i gynnig bod yn aelod o'r Orsedd! Ro'n i wrth fy modd.

Mae pob aelod o'r Orsedd yn dewis enw arbennig. Pa enw arbennig ddewisoch chi?
Dewisais i'r enw 'Wynne Graig Fach'. Graig Fach oedd enw fferm teulu fy nhad. Felly, ro'n i eisiau mynd 'nôl at enw'r fferm, a'r cysylltiad â'r Gymraeg.

*Dych chi'n helpu **elusennau**?*
Dw i'n trio helpu. Dw i'n **noddwr** i Tenovus, yr elusen ganser. Dw i'n gwneud hyn achos ein profiad ni fel teulu gyda fy nhad. Hefyd, dw i'n **llysgennad** i elusen St John Cymru a'r British Heart Foundation.

Prifysgol y Drindod Dewi Sant – *Trinity Saint David's University*	
Is-Ganghellor – *Vice-Chancellor*	**ar ran** – *on behalf of*
aelod – *member*	
yr Orsedd – *the Gorsedd or Congress of Bards (a Welsh honour associated with the Eisteddfod)*	
elusen(nau) – *charity(ies)*	**noddwr** – *sponsor*
llysgennad – *ambassador*	

Hoff bethau Wynne Evans

- *Hoff denor* – Dw i wedi gweithio gyda llawer o denoriaid gwych – fel Placido Domingo a Thomas Allen. Ond fy hoff denor yw Mario Lanza. Dw i'n dwlu ar ei lais e. Yn ddiweddar, ces i gyfle i roi **cyfweliad** i'w ferch e. Roedd hi'n hyfryd. Dwedodd hi, "Dych chi'n gwybod llawer am fy nhad!"

- *Hoff ganwr arall* – Montserrat Caballé. Soprano operatig o Sbaen yw hi. Canodd hi gyda Freddie Mercury ar y gân 'Barcelona'.

- *Hoff le i ganu* – Fy hoff le i ganu yw'r Tŷ Opera Brenhinol, yn Llundain. Ond mae Canolfan Mileniwm Cymru yn **ail agos**. Wedyn, Symphony Hall yn Birmingham. Mae siâp pedol gyda'r tri lle. Mae **siâp pedol** yn bwysig pan dych chi'n canu. Dych chi'n gallu clywed llais yn dda.

  Ond mae llawer o leoedd fel **bocsys**. 'Dyn nhw ddim yn lleoedd da i ganwr, achos dych chi ddim yn clywed eich llais. Mae canu yno fel canu mewn **hosan**. Yn anffodus, dw i ddim yn hoffi canu yn Venue Cymru yn Llandudno. Mae e fel bocs, mae'n drueni mawr.

- *Hoff gân i'w chanu* – Dw i'n hoffi canu 'The Impossible Dream' – hoff gân fy mam. Dw i'n hoffi caneuon Ivor Novello, fel 'Shine through my dreams' a 'My life belongs to you'. Mae'r caneuon mewn operâu comig yn grêt hefyd. Yn ddiweddar, daeth

cyfweliad – *interview*	**ail agos** – *close second*
siâp pedol – *horseshoe shape*	**bocsys** – *boxes*
hosan – *sock*	

operâu comig yn boblogaidd. Ro'n i wrth fy modd – ro'n i'n gweithio drwy'r amser.

- *Hoff opera i'w chanu* – Ro'n i'n hoffi canu'r opera gomig *The Cunning Little Vixen* gan Janáček. Gweithiais i lawer gyda Syr Charles Mackerras, yr **arweinydd** o Awstralia. Gwnaeth e lawer i gyflwyno gwaith Janáček i dai opera y tu allan i **Tsiecoslofacia**.

- *Hoff gar* – Dw i'n dwlu ar geir. Roedd sawl Alfa Romeo gyda fi. Ces i brofiad **gwael** gyda Saab. Prynais i gar Saab, a **bron yn syth**, **aeth** cwmni Saab **i'r wal**. Collais i'r **warant** a phopeth. Dw i'n cael nawdd gyda Mercedes nawr. Mae hynny'n grêt! Mae un car dwy **sedd** gyda fi, ac un car 4x4.

- *Hoff fwyd* – Dw i'n hoffi bwyd **Eidalaidd**. Pasta... caws mozzarella, dw i'n dwlu arno fe! Pan o'n i'n canu yn yr Opéra de Lyon, ro'n i wrth fy modd, achos roedd llawer o **fwytai** â sêr Michelin yno. Yn ddiweddar, es i a fy mab i Viet Nam ar wyliau. Roedd y bwyd yn anhygoel.

- *Hoff ddiod* – Fy hoff ddiod yw coctel 'Rusty Nail' – wisgi a Drambuie. Pan o'n i'n wyth oed, rhoddodd fy mam botel o Drambuie i fi yn anrheg Nadolig. Mae'n anodd **credu**! Ond do'n i ddim yn cael yfed llawer, dim ond **llond gwniadur**.

arweinydd – *conductor, leader*	**Tsiecoslofacia** – *Czechoslovakia*
gwael – *bad*	**bron yn syth** – *almost immediately*
aeth i'r wal – *went bankrupt*	**gwarant** – *guarantee*
sedd – *seat*	**Eidalaidd** – *Italian*
bwytai – *restaurants*	**credu** – *to believe*
llond gwniadur – *a thimbleful*	

- *Hoff le i fynd ar wyliau* – Dw i **newydd fod** yn Cape Town. Lle gwych i weithio ac i fynd ar wyliau.

- *Hoff lyfr – Ahead of the Class* gan Marie Stubbs. Llyfr anhygoel. Gaeth Marie Stubbs swydd prifathrawes Ysgol St George's yn Llundain. St George's oedd yr ysgol lle **llofruddiodd** disgybl y prifathro, Philip Lawrence. Mae hi'n dangos sut mae arweinydd da yn gallu newid pethau.

- *Hoff albwm/CD* – Dw i'n mynd 'nôl at Mario Lanza eto! Pan o'n i'n ifanc, roedd dwy record yn y tŷ: *Christmas with Mario Lanza* a *The Student Prince*. Dw i'n gwrando arnyn nhw o hyd.

newydd fod – *just been*

llofruddio, llofruddiodd – *to murder, murdered*

Geirfa

achub – *to save*
adeilad – *building*
adenydd – *wings*
a dweud y gwir – *to tell the truth*
Addysg Grefyddol – *Religious Education*
aelod – *member*
aelod seneddol – *member of parliament*
aeth i'r wal – *went bankrupt*
ail agos – *close second*
Ail Ryfel Byd – *Second World War*
Almaeneg – *German (language)*
anhygoel – *incredible*
annisgwyl – *unexpected*
anrhydedd – *honour*
arafu – *to slow down*
arbennig – *special*
ar fy mhen fy hunan – *by myself*
ar goll – *lost*
arholiad(au) – *exam(s)*
arogl ceir newydd – *the smell of new cars*
arolygydd adeiladau – *buildings inspector*
aros tu fas – *to wait outside*
ar ran – *on behalf of*
arwain, arweinion nhw – *to lead, they led*
arweinydd – *conductor, leader*
ar y pryd – *at the time*
asgwrn cefn – *backbone*
asiant – *agent*
astudio – *to study*
atgof – *memory*
athrawon – *teachers*
Athro – *Professor*

balch – *glad, proud*
bathodyn(nau) – *badge(s)*
beichiog – *pregnant*
blynyddoedd – *years*
bob dwy flynedd – *every two years*
bob tro – *every time*
bocsys – *boxes*
bodlon – *willing*
boddi – *to drown*
botanegydd – *botanist*
brenhines – *queen*
brenhinol – *royal*
brenin – *king*
brest – *chest*
bron yn syth – *almost immediately*
Brwsel – *Brussels*
buodd fy nhad-cu farw – *my grandfather died*
bwytai – *restaurants*
byddin – *army*

cadair olwyn – *wheelchair*
cae – *field*
Caerfyrddin – *Carmarthen*
caled – *hard*

camgymeriad(au) – *mistake(s)*
caneuon – *songs*
cannoedd – *hundreds*
canolbwyntio – *to concentrate*
cantorion – *singers*
carchar – *prison*
cas – *nasty*
casáu – *to hate*
cefnogaeth – *support*
cefnogi – *to support*
cefnogwyr – *supporters*
celfyddydau – *arts*
cerddorfa, cerddorfeydd – *orchestra(s)*
clasurol – *classical*
clown y dosbarth – *class clown*
clustiau – *ears*
clyweliad – *audition*
cnoi – *to bite, to chew*
cofeb – *memorial*
coleg cerdd – *college of music*
Coleg y Drindod – *Trinity College*
colli – *to lose*
comisiynydd – *commissioner*
côr – *choir*
corn Ffrengig – *French horn*
credu – *to believe*
creision – *crisps*
cwrwgl – *coracle (a traditional boat)*
cwympo – *to fall*
cwyno – *to complain*
cyfarwyddwr artistig – *artistic director*
cyfle – *opportunity*
cyflwyno – *to introduce, to present*
cyflwynydd – *presenter*
cyfreithiwr – *lawyer*
cyfres – *series*
cyfweliad – *interview*
cyngor – *advice*
cyngor sir – *county council*
cymdeithas(au) – *society(ies)*
cymeriadau – *characters*
cyn-fyfyrwyr – *former students*
cyn hir – *before long*
cynigion – *offers*
cynradd – *primary*
cynrychioli – *to represent*
cyn-wraig – *ex-wife*
cystadleuol – *competitive*
cystadleuwyr – *contestants*
cysylltiad – *connection*
cytundeb – *contract*

chwaraeon – *sport*
chwaraewyr – *players*
chweched dosbarth – *sixth form*

daeth dyn ata i – *a man came up to me*
darlithydd – *lecturer*
darlledwr – *broadcaster*
darn(au) – *piece(s)*
defnyddiol – *useful*
dêl – *deal*
delfrydol – *ideal*
derwen – *oak tree*
dewin – *wizard*
dewis – *choice*

diddorol – *interesting*
diflannu – *to disappear*
digwyddiad – *event*
dim ots lle – *no matter where*
Dinbych-y-pysgod – *Tenby*
diolchgar – *grateful*
disgybl – *pupil*
diweddar – *late, deceased*
diwedd tymor – *end of term*
diwrnod bant – *day off*
dros y byd i gyd – *all over the world*
dros y lle i gyd – *all over the place*
drws nesa – *next door*
drwy lwc – *as luck would have it*
drysau – *doors*
Duw – *God*
dwedodd hi wrtho fe – *she told him*
dw i eisiau i Wynne weithio mwy – *I want Wynne to work more*
dwlu ar – *to adore, to love*
dwy flynedd a hanner – *two and a half years*
dyblu – *to double*
dydd Calan – *New Year's Day*
dylanwadol – *influential*

ddeng mlynedd yn henach – *ten years older*
ddim wir – *not really*

Eidalaidd – *Italian*
Eidaleg – *Italian (language)*
elusen(nau) – *charity(ies)*
eraill – *other (plural)*
erbyn hyn – *by now*
er cof – *in memory of*
ers hynny – *since then*
esbonio – *to explain*

fersiwn – *version*
fy mam-gu – *my grandmother*
fy nhad – *my father*
fy nhad-cu – *my grandfather*

ffidil – *violin*
ffliwt hud – *magic flute*
Ffrangeg – *French (language)*

gardd fotaneg – *botanic garden*
gefn llwyfan – *backstage*
geni – *to be born*
gofalu amdani ei hunan – *to look after herself*
Gogledd Iwerddon – *Northern Ireland*
gormod – *too much*
gornest focsio – *boxing match*
gradd(au) – *grade(s)*
gwael – *bad*
gwahaniaeth rhwng – *difference between*
gwaith coed – *woodwork*
gwarant – *guarantee*
Gweddi'r Arglwydd – *The Lord's Prayer*
gweddol – *ok, so-so*

gwefus – *lip*
gweld eisiau – *to miss*
gwely sengl – *single bed*
gwella techneg – *to improve technique*
gwên – *smile*
gwerth – *value*
gwerth dros – *worth over*
gwerthu rhaglenni – *to sell programmes*
gwirfoddolwyr – *volunteers*
Gwlad Belg – *Belgium*
gwledydd – *countries*
gwnïo – *to sew*
gwrandawyr – *listeners*
gwych – *marvellous*
gyda'i gilydd, gyda'n gilydd – *together*
gyda llaw – *by the way*
gyrfa – *career*

haint – *infection*
hanes – *history*
hena – *oldest*
hen fam-gu – *great grandmother*
hosan – *sock*
hunlun – *selfie*
hwnnw – *that (masculine)*
hyder – *confidence*
hyfforddi – *to train*
hyfforddwyr – *coaches*
hynny yw – *that is*
hysbyseb(ion) – *advertisement(s)*

iaith gyntaf – *first language*
ieithoedd – *languages*
ieuenctid – *youth*
isel – *low*
Is-Ganghellor – *Vice-Chancellor*

losin – *sweets*

llais, lleisiau – *voice(s)*
llofruddio, llofruddiodd – *to murder, murdered*
llond gwniadur – *a thimbleful*
lliwio – *to colour, to add variation*
llwyddiannus – *successful*
llwyddo – *to succeed*
llwyfan – *stage*
llym – *strict*
llys – *court*
llysgennad – *ambassador*

mawrion – *greats*
meithrin – *nursery*
methu – *to fail, to be unable to*
milltir yr awr – *miles an hour*
mordeithiau – *cruises*
mwyaf – *largest*
mynd drwyddo – *to go through*

Natsïaid – *Nazis*
nawdd - *sponsorship*
neuadd – *hall*
newydd fod – *just been*
newydd orffen – *just finished*

nifer – *number, amount*
niwmonia – *pneumonia*
nodyn, nodau – *note(s)*
noddwr – *sponsor*
Normanaidd – *Norman*

oddi wrtho fe – *from him*
oedolion – *adults*
ofni – *to fear*
o gwbl – *at all*
o hyd – *still*
olaf – *last*
ôl-radd – *postgraduate*
Opera Cenedlaethol Cymru – *Welsh National Opera*
o'r galon – *from the heart*

pan o'n i'n ifanc – *when I was young*
parhau – *to continue*
penderfynol – *determined*
penderfynu, penderfynais – *to decide, I decided*
pennaeth – *principal, head*
perchennog – *owner*
perswadio – *to persuade*
perthynas danllyd – *a fiery relationship*
plât – *plate*
pobl gyffredin – *ordinary people*
poblogaidd – *popular*
prifathrawes – *headmistress*
prif fachgen – *head boy*
Prifysgol y Drindod Dewi Sant – *Trinity Saint David's University*
priodas – *wedding*
profiad(au) – *experience(s)*
proses – *process*
pwll nofio – *swimming pool*
pysgotwyr – *fishermen*

ro'n i wedi – *I had*

rhagor – *more*
rhai – *some*
rhannu – *to share*
rhannu yn y llwyddiant – *to share the success*
rheol(au) – *rule(s)*
rheswm – *reason*
rhieni – *parents*
Rhufeinig – *Roman*

saer – *carpenter*
sain – *sound*
sedd – *seat*
sefydlwyr – *founders*
Seland Newydd – *New Zealand*
sêr – *stars*
sesiynau – *sessions*
siâp pedol – *horseshoe shape*
siaradwyr – *speakers*
siartiau clasurol – *classical charts*
sleifio – *to sneak*
swil – *shy*
swyddog – *officer*
sylweddoli, sylweddolais –*to realise, I realised*

syml – *simple*

tai opera – *opera houses*
tatws melys – *sweet potatoes*
tebyg – *alike*
teras – *terrace*
TGAU – *GCSE*
Tibetaidd – *Tibetan*
tocyn(nau) – *ticket(s)*
toriadau – *cuts*
torri i lawr – *to break down*
trafferth – *trouble*
Treforys – *Morriston*
treulio – *to spend (time)*
trin gwallt – *hairdressing*
troi, troais – *to turn, I turned*
trueni – *pity, shame*
trydydd – *third*
Tsiecoslofacia – *Czechoslovakia*
tyfu – *to grow*

thalais i ddim ceiniog – *I didn't pay a penny*

uchafbwynt – *highlight*
uchel – *high*
un tro – *once*
uwchradd – *secondary*

wrth berfformio – *while performing*
wrth fy modd – *delighted*

y bumed ganrif – *the fifth century*
y DU – *the UK*
ynganu – *to pronounce*
ymarfer – *practice; to practise*
ymarferol – *practical*
ymddangos – *to appear*
ymddiriedolaeth – *a trust*
ymgymerwr – *undertaker*
ymladd – *to fight*
ym Mhrag – *in Prague*
yna – *those*
yn agored – *open*
yn barod – *already*
yn bendant – *definitely*
yn briod – *married*
yn dost – *ill*
yn dynn – *tight*
yn ddiweddar – *recently*
yn erbyn – *against*
yn fwy – *bigger*
yn fy marn i – *in my opinion*
yn gryf – *strongly*
yn sydyn – *suddenly*
yn wahanol – *different*
yn ystod – *during*
yr Alban – *Scotland*
yr Eglwys Newydd – *Whitchurch*
yr Orsedd – *the Gorsedd or Congress of Bards (a Welsh honour associated with the Eisteddfod)*
yr un lle – *the same place*
ysgariad – *divorce*

Hefyd yn y gyfres ar lefel Mynediad

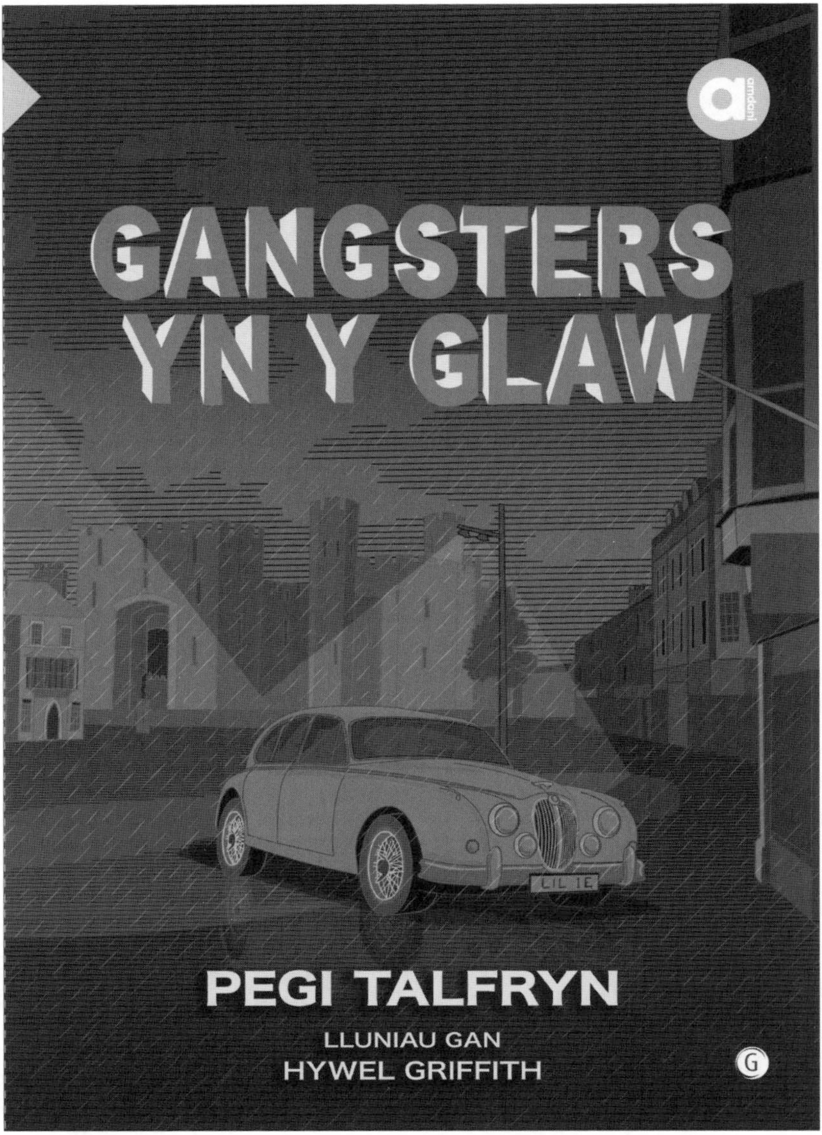
GANGSTERS
YN Y GLAW
PEGI TALFRYN
LLUNIAU GAN
HYWEL GRIFFITH